BEI GRIN MACHT SICH IHR WISSEN BEZAHLT

AF148334

- Wir veröffentlichen Ihre Hausarbeit,
  Bachelor- und Masterarbeit

- Ihr eigenes eBook und Buch -
  weltweit in allen wichtigen Shops

- Verdienen Sie an jedem Verkauf

Jetzt bei www.GRIN.com hochladen und kostenlos publizieren

Bibliografische Information der Deutschen Nationalbibliothek:

Die Deutsche Bibliothek verzeichnet diese Publikation in der Deutschen National-
bibliografie; detaillierte bibliografische Daten sind im Internet über http://dnb.d-
nb.de/ abrufbar.

Dieses Werk sowie alle darin enthaltenen einzelnen Beiträge und Abbildungen
sind urheberrechtlich geschützt. Jede Verwertung, die nicht ausdrücklich vom
Urheberrechtsschutz zugelassen ist, bedarf der vorherigen Zustimmung des Verla-
ges. Das gilt insbesondere für Vervielfältigungen, Bearbeitungen, Übersetzungen,
Mikroverfilmungen, Auswertungen durch Datenbanken und für die Einspeicherung
und Verarbeitung in elektronische Systeme. Alle Rechte, auch die des auszugsweisen
Nachdrucks, der fotomechanischen Wiedergabe (einschließlich Mikrokopie) sowie
der Auswertung durch Datenbanken oder ähnliche Einrichtungen, vorbehalten.

Impressum:

Copyright © 2006 GRIN Verlag, Open Publishing GmbH
Druck und Bindung: Books on Demand GmbH, Norderstedt Germany
ISBN: 9783640424139

Dieses Buch bei GRIN:

http://www.grin.com/de/e-book/134958/familienleistungsausgleich-und-freibetrag-
fuer-alleinerziehende-im-einkommensteuerrecht

Johan Fröhberg

Familienleistungsausgleich und Freibetrag für Alleiner- ziehende im Einkommensteuerrecht

Rechtspolitische und systematische Fragestellungen

GRIN Verlag

GRIN - Your knowledge has value

Der GRIN Verlag publiziert seit 1998 wissenschaftliche Arbeiten von Studenten, Hochschullehrern und anderen Akademikern als eBook und gedrucktes Buch. Die Verlagswebsite www.grin.com ist die ideale Plattform zur Veröffentlichung von Hausarbeiten, Abschlussarbeiten, wissenschaftlichen Aufsätzen, Dissertationen und Fachbüchern.

Besuchen Sie uns im Internet:

http://www.grin.com/

http://www.facebook.com/grincom

http://www.twitter.com/grin_com

UNIVERSITÄT
ERFURT

Seminar: **Grundfragen der verfassungs-, steuer- und sozialrechtlichen Stellung der Familie**

Referent: **Johan Fröhberg**

Familienleistungsausgleich

und

Freibetrag für Alleinerziehende

im Einkommensteuerrecht

Rechtspolitische und systematische Fragestellungen

-Referatsausarbeitung-

Inhaltsverzeichnis

2

I. *Einleitung*

Eine der zentralen Aufgaben der Sozial- und Finanzpolitik des Gesetzgebers muss die Verbesserung der Lage der Familien[1] sein, hierzu gehört neben ihrem Schutz und der Förderung auch eine „gerechte steuerliche Behandlung"[2].

Der Verwirklichung dieser Ziele dient unter anderem auch der Familienleistungsausgleich nach Maßgabe des § 31 EStG, durch diesen soll der sich aus Artikel 3 Absatz 1 GG ergebende Grundsatz der „gleichmäßigen Besteuerung nach der wirtschaftlichen Leistungsfähigkeit"[3] realisiert werden. Steuerlich freizustellen ist mindestens *ein* Freibetrag, damit Steuerpflichtige mit Kindern zunächst ihrem Erziehungsauftrag nach Artikel 6 Absatz 2 Satz 1 GG nachkommen können, erst danach kann ihn durch die „Gemeinwohlverantwortung"[4] die Pflicht treffen, zur Erfüllung allgemeiner Staatsaufgaben einen Steuerbeitrag zu leisten.

In ersten Teil der vorliegenden Arbeit soll der Familienausgleich nach §§ 31 und 32 EStG weiter behandelt werden. Dabei liegt der Fokus nicht auf der Verfahrensdurchführung[5], sondern vielmehr auf den rechtspolitischen Motiven des Gesetzgebers und den Problematiken, die sich in systematischer und verfassungsrechtlicher Hinsicht aus der bestehenden Regelungsstruktur ergeben. Versucht wird daher, auch alternative Lösungsmöglichkeiten aufzuzeigen, die einige der angedachten sozialpolitischen Motive weiterentwickeln und teils auch einer Entkomplizierung dienen können.

Im zweiten Teil wird der Freibetrag für Alleinerziehende nach § 24b EStG besprochen[6]. Auch hier stehen die Umstände, die zur Positivierung der Vorschrift geführt haben, sowie die bestehenden Bedenken im Vordergrund.

---

[1] Vgl. BT-Drs. 12/7560 S. IX ff., nach: Horlemann etc. 1996, S. 25
[2] Horlemann etc. 1996, S. 25
[3] Jachmann in Kirchhof/Söhn/Mellinghoff, § 31 Rn A45
[4] Dies., § 31 Rn A45
[5] Hierzu vgl. etwa: *Hillmoth, Bernhard: Kindergeld,* in: Lexikon Steuer- und Wirtschaftsrecht, Gruppe 4/197, LSW Sonderheft 4/2004 und *Hillmoth, Bernhard: Kinderfreibetrag,* in: Lexikon Steuer- und Wirtschaftsrecht, Gruppe 4/196, LSW Sonderheft 4/2004
[6] Für eine verfahrenstechnische Übersicht vgl. etwa: *Paus, Bernhard: Alleinerziehende,* Lexikon Steuer- und Wirtschaftsrecht, Gruppe 4/11, LSW Heft 1/2005

II.   Der Familienleistungsausgleich nach §§ 31, 32 EStG

2.1.   Grundsätzliches zur Regelungsstruktur des § 31 EStG

Im Familienleistungsausgleich nach Maßgabe des § 31 bedient sich der Gesetzgeber des dualen Systems von Kinderfreibetrag und Kindergeld[7], so sieht § 31 Satz 3 zunächst eine monatliche Zahlung von Kindergeld als „Steuervergütung"[8] vor. Wird dadurch eine „steuerliche Freistellung eines der Unterhaltspflicht entsprechenden Einkommensbetrags nicht erreicht"[9], so werden bei der Veranlagung die Freibeträge nach § 32 Absatz 6 EStG vom Einkommen abgezogen und das Kindergeld nach § 36 Absatz 2 EStG entsprechend verrechnet[10] – das so genannte *Optionsmodell*[11].

2.2.   Rechtspolitische Überlegungen und die Problematik der „alten" Kindergeldlösung

Der Grund für die Entwicklung des Optionsmodells, welches Kindergeld und Kinderfreibetrag quasi „kombinatorisch"[12] betrachtet, war der so genannte „Kindergeldbeschluss" des Bundesverfassungsgerichts vom 29.05.1990. Die Richter sahen es als (verfassungsrechtlich) notwendig an, dass sowohl Unterhaltsaufwand als auch – wenngleich typisiert –Erziehungs- und Betreuungsaufwand durch Abzugsmöglichkeiten von der Bemessungsgrundlage berücksichtigt werden[13], denn nicht nur das Existenzminimum des Steuerpflichtigen sei freizustellen, sondern auch das seiner Familie. Hierbei sei eben nicht nur der steuerrechtliche Kinderfreibetrag, sondern

---

[7] Horlemann etc 1996, u.a. S. 26, Anm.: Auch wenn dieses duale System erst unter sanftem Druck seitens des BVerfG zum Optionsmodell weiterentwickelt wurde, vgl. Punkt 2.2.
[8] Birk 2004, S. 302, Anm.: Die speziellen Regelungen hierfür finden sich in den §§ 62-78 EStG, zu den Einwänden vgl. S. 5
[9] Birk 2004, S. 302, Anm.: Die Höhe regelt § 32 EStG
[10] Vgl. § 31 Satz 4 und 5 EStG
[11] Vgl. etwa Jachmann in Kirchhof 2004, S. 1139
[12] Felix 1996, S. 101
[13] Anm.: Der Kinderfreibetrag in Höhe von 1824 € p.a. (bzw. entspr. 3648 € bei zusammen veranlagten Ehegatten) nach § 32 Absatz 6 Satz 1 1. Halbsatz EStG deckt nur das sächliche Existenzminimum, die Berücksichtigung eines Freibetrags für den Betreuungs- und Erziehungs- oder Ausbildungsbedarf in Höhe von 1080 bzw. 2160 € p.a. nach § 32 Absatz 6 Satz 1 2. Halbsatz EStG gebietet nach Meinung des BVerfG der Artikel 6 Absatz 2 GG, wobei es nicht entscheidend ist, ob der Freibetrag im Einzelfall finanzielle Aufwendungen oder die eigene Betreuung ausgleichen soll.

4

auch das nach dem BKGG zu zahlende Kindergeld zu berücksichtigen, wobei das Kindergeld in einen „fiktiven Kinderfreibetrag"[14] umgerechnet wurde.

Die alleinige Gewährung von Kindergeld genügt nur dann, wenn dadurch die durch die Unterhaltspflichten geminderte subjektive Leistungsfähigkeit ausgeglichen würde[15]. Bewirkt die Zahlung des Kindergeldes hingegen nicht die eigentlich bezweckte Steuerfreistellung des Existenzminimums des Kindes in Höhe der Freibeträge, so müssen die Freibeträge abgezogen werden. Dies kann durchaus der Fall sein, da das Bundesverfassungsgericht am 29.05.1990 ebenfalls festgestellt hat, dass „sich die Entlastung in einem Einkommensteuersystem mit progressivem Tarif ebenfalls progressiv"[16] auswirkt. Übersteigt das gezahlte Kindergeld die Freibeträge, so handelt es sich um eine Sozialleistung nach § 32 Satz 2 EStG, besteht hingegen kein Kindergeldanspruch, so sind die Freibeträge ohne die sonst erforderliche „Günstigerprüfung"[17] abzuziehen. In der Praxis hat der Kinderfreibetrag lediglich für Besserverdienende Bedeutung, für etwa 95% der steuerpflichtigen Eltern ist das Kindergeld günstiger[18].

Nach Meinung *Jachmanns* ist die getroffene Regelungsstruktur völlig verfassungskonform und entspricht somit den Forderungen des Bundesverfassungsgerichts, aus „steuersystematischer" Sicht ist die Einbindung des Kindergeldes in die kinderbezogenen Entlastungsregelungen des Einkommensteuergesetzes weitaus problematischer, da es sich bei der Zahlung von Kindergeld nicht um eine Steuerentlastung, sondern um eine *Sozialleistung* handelt[19] - schließlich dient das Kindergeld heute vor allem der „Förderung der Familie"[20] und weniger der Sicherung des steuerrechtlichen Existenzminimums. Hingegen ist der Kinderfreibetrag die „gebotene Konse-

---

[14] Felix 1996, S. 101
[15] Vgl. Birk 2004, S. 302 f.
[16] BVerfG 82, 60 1 BvL 20/84, 1 BvL 26/84, 1 BvL 4/86 vom 29.05.1990
[17] Jachmann in Kirchhof 2004, S. 1139
[18] Vgl. Müller/Traxel 1996, S. 1142
[19] Vgl. Jachmann in Kirchhof 2004, S. 1139
[20] Felix 1996, S. 102

quenz einer gleichmäßigen Besteuerung nach der wirtschaftlichen Leistungsfähigkeit"[21] – die Problematik, wie sie beim Kindergeld besteht entfällt folglich.

Somit ist die Einbindung des Abschnittes X. in das Einkommensteuergesetz nur unter Vorbehalt zu begrüßen, auch wenn *Felix* argumentiert, dass die „«Verlagerung» des Kindergeldrechts in das Einkommensteuerrecht […] damit nicht lediglich formeller Natur [ist], sondern […] der staatlichen Leistung «Kindergeld» völlig neue Konturen"[22] gibt. Das Kindergeld ist somit nicht mehr Sozialleistung, sondern eine staatlicherseits gezahlte Steuervergütung, die in erster Linie der bereits erwähnten Sicherung des steuerfreien Existenzminimums der Familie dienen soll[23]. Diese Argumentation ist allerdings weniger nachvollziehbar, da das Kindergeld *de facto* zumindest in Teilen immer noch eine Sozialleistung ist[24].

Zwar kann dem Gesetzgeber zugute gehalten werden, dass er sich bei der Neustrukturierung vor allem an den genannten Forderungen des Bundesverfassungsgerichts orientiert hat, allerdings hatte dieses in seinem Kindergeldbeschluss auch weitere Lösungsoptionen freigestellt, vgl. hierzu Punkt 2.3.

2.3. Alternative Lösungsmöglichkeiten

Neben der bestehenden Regelung wäre es auch möglich gewesen, die kindesbedingte Minderung durch Leistungsfähigkeit durch ein im Sozialrecht entsprechend angepasstes Kindergeld auszugleichen, lediglich die Auswirkungen der entsprechenden Neuregelungen hätten nach Meinung des Bundesverfassungsgerichts identisch sein müssen. Hieran kritisiert *Jachmann* allerdings, dass durch die „Besteuerung des Kindesexistenzminimums eine Bedürftigkeit beim Steuerpflichtigen herbeigeführt"[25] würde, zudem müsse dem Steuerpflichtigen zugestanden werden, zuerst aus seinem privaten Erwerb für seine Familie zu sorgen. Durch eine reine Kindergeldlösung

---

[21] Jachmann in Kirchhof/Söhn/Mellinghoff, § 31 Rn A7
[22] Felix 1996, S. 101, Anm.: Die Autorin widerspricht sich hier in Teilen selber, betont sie doch die Neukonturierung des Kindergeldes auf der einen Seite, auch wenn sie die gesunkene steuerrechtliche Relevanz auf der anderen Seite diagnostiziert (s. Fußnote 10).
[23] Vgl. Felix 1996, S. 101
[24] Jachmann in Kirchhof/Söhn/Mellinghoff, § 31 Rn A8
[25] Dies., § 31 Rn A54

würde dies wenn nicht wegfallen, so doch wenigstens erschwert, da das zu versteuernde Einkommen mit dem Wegfall von Kinderfreibeträgen ansteigt – eine zumindest tendenziell verfassungswidrige, da Artikel 6 GG widersprechende Lösung[26]. Einer politisch motivierten Bestreitung des vom Bundesverfassungsgericht geforderten Existenzminimums allein durch Kindergeld ist daher eine Absage zu erteilen.

Auch die Möglichkeit, den Problematiken der bestehenden Regelung durch die Einführung von „Kindergrundfreibeträgen"[27] zu begegnen ist nicht vorbehaltlos zu begrüßen. Zwar würde durch diese Lösung die Kinderentlastung für alle Steuerpflichtigen gleich[28], wirkt sich auf der anderen Seite allerdings progressionsverschärfend aus und benachteiligt Familien somit gegenüber gleichverdienenden Kinderlosen; schließlich ergibt sich der Steuersatz eines Steuerpflichtigen mit Kind nach Abzug der Freibeträge aus einem um die Freibeträge erhöhten Einkommen[29].

Als weitere Option stellt *Jachmann* ein vereinfachtes duales System aus Kinderfreibetrag und Kindergeld vor. Es wäre dann regelmäßig zunächst der Freibetrag in Höhe des Kindesexistenzminimums abzuziehen, lediglich in Fällen, bei „denen nach Bedürftigkeitsgesichtspunkten neben der steuerlichen Entlastung eine Förderung notwendig ist"[30] wäre dann Kindergeld zu gewähren. Das Kindergeld hat in diesem Fall einen reinen Sozialleistungscharakter, die Problematik des bestehenden Systems entfällt demnach vollständig. Neben einer deutlichen Vereinfachung stünde also der Vorteil einer rechtssystematischen Entwirrung des Einkommensteuergesetzes[31].

---

[26] Vgl. hierzu auch: Dies., § 31 Rn A54
[27] Jachmann in Kirchhof/Söhn/Mellinghoff, § 31 Rn A54a
[28] Anm.: ...und es wäre zudem spürbar entlastender für den Fiskus etwa durch die entfallende Vergleichsrechnung.
[29] Vgl. Jachmann in Kirchhof/Söhn/Mellinghoff, § 31 Rn A54a
[30] Jachmann in Kirchhof/Söhn/Mellignhoff, § 31 Rn A55a
[31] Anm.: Jedenfalls dann, falls die Regelungen bzgl. des Kindergeldes wieder aus dem EStG ausgegliedert würden.

2.4. _Regelungsstruktur und Problematiken des § 32 EStG_

Von einer Betrachtung einzelner Freibeträge des § 32 EStG soll an dieser Stelle aus Platzgründen abgesehen werden, im Vordergrund stehen stattdessen rechtspolitische und systematische Überlegungen.

Erwähnenswert ist zunächst die Ausstrahlungswirkung des § 32 EStG: So orientiert sich nicht nur § 63 EStG an der Definition des Begriffs „Kinder" des § 32 Absatz 1, sondern auch § 24b EStG. Dort setzt die Gewährung des Freibetrages voraus, dass zum Haushalt des Steuerpflichtigen ein Kind gehört, für das ihm nach § 32 Absatz 6 ein Freibetrag oder Kindergeld zusteht. Insofern ist § 32 nicht nur isoliert zu betrachten, sondern bindet auch andere Vorschriften des Einkommensteuerrechts.

Als problematisch im Hinblick auf den § 32 EStG ist hier zum einen, analog zu den Bestimmungen der §§ 62-78 EStG, die Verortung im System des Gesetzes anzusehen. Die Einordnung in die tariflichen Bestimmungen ergibt nur dann Sinn, wenn als Tarif nicht nur der Faktor angesehen wird, welcher unter Hinblick auf die Bemessungsgrundlage die tarifliche Einkommensteuer ergibt, sondern auch die Vorschriften über die Bemessungsgrundlage selber[32].

Aus rechtspolitischer Sicht folgt § 32 dem § 31, insofern sind die im Abschnitt 2.2. bereits besprochenen Aspekte auch hier anwendbar. Die einkommensteuerrechtliche Abbildung der verminderten Leistungsfähigkeit von Steuerpflichtigen mit Kindern ist nach Meinung _Jachmanns_ dabei ebenso angemessen erfolgt wie auch die geforderte „Harmonisierung" von Kindergeld und Kinderfreibeträgen[33].

Verbesserungswürdig sei jedoch die Ausgestaltung des Grenzbetrages in § 32 Absatz 4 Satz 2. Dieser orientiert sich zwar an der typischen Situation, dass minderjährige Kinder unabhängig von eigenen Einkünften von den Eltern unterhalten werden. Allerdings könnte für minderjährige Kinder mit entsprechendem eigenem Einkommen der Freibetrag genauso wie für Volljährige mit solchem gestrichen werden[34].

---

[32] Vgl. Jachmann in Kirchhof/Söhn/Mellinghoff, § 32 Rn A5
[33] Vgl. dies., § 32 Rn A 137
[34] Vgl. dies., § 32 Rn A 137, Anm.: Wobei dem eine weitere Verkomplizierung entgegenstünde und auch, wie _Jachmann_ selber bemerkt hat, nicht unbedingt der wohl typischen Situation Rechnung trägt,

III. Der Entlastungsbetrag für Alleinerziehende nach § 24b EStG

3.1. Grundsätzliches zur Regelungsstruktur des § 24b EStG

§ 24b EStG soll nach dem Willen des Gesetzgebers zusätzlich zum Familienleistungsausgleich aus §§ 31, 32 EStG den besonderen wirtschaftlichen Bedingungen alleinerziehender Steuerpflichtiger Rechnung tragen.

Dabei findet sich die Vorschrift am Ende der Regelungen zu den einzelnen Ein-
kunftsarten und stellt somit eine für alle Arten gemeinsame Norm dar. § 24b ist in
sich geschlossen und folglich sowohl inhaltlich als auch systematisch getrennt vom
Familienleistungsausgleich zu betrachten; schließlich trägt die Regelung nicht der
verminderten wirtschaftlichen Leistungsfähigkeit Rechnung, sondern ist vielmehr
eine Steuersubvention[35]. Diese Trennung bewirkt, dass Alleinerziehenden neben der
Gewährung von Kindergeld bzw. der Abzugsmöglichkeiten nach § 32 Absatz 6 EStG
und der eventuellen Geltendmachung von außergewöhnlichen Belastungen nach §
33 EStG noch die Möglichkeit offensteht, den Freibetrag nach § 24b abzuziehen[36].

3.2. Rechtspolitische Überlegungen und Entstehungskontext des § 24b EStG

Die Einfügung des Freibetrages nach § 24b ab dem Veranlagungszeitraum 2004 war
notwendig geworden, nachdem das Bundesverfassungsgericht 1998 den bis dahin
geltenden Haushaltsfreibetrag nach § 32 Absatz 7 EStG für unvereinbar mit Artikel 6
Absatz 1 und 2 GG erklärt hatte, „soweit er die in ehelicher Gemeinschaft lebenden,
unbeschränkt steuerpflichtigen Eltern vom Abzug der Kinderbetreuungskosten [...]
ausschließt"[37].

---

dass minderjährige Kinder auch beim Vorhandensein eigener Einkünfte von ihren Eltern unterstützt
werden.
[35] Vgl. Jachmann/Henschler in Kirchhof/Söhn/Mellinghoff, § 24b Rn A8
[36] Anm.: Und der Freibetrag wird auch nicht in die Vergleichsrechnung im Rahmen der Günstigerprüfung einbezogen (vgl. Jachmann/Henschler in Kirchhof/Söhn/Mellinghoff, § 24b Rn A10).
[37] BVerfG, 2 BvR 1057/91 vom 10.11.1998, Pkt. I., Anm.: Der ursprünglich im Haushaltsfreibetrag be-
rücksichtigte Erziehungsaufwand wird nun durch den Freibetrag für Betreuung, Erziehung und Aus-
bildung nach § 32 Absatz 6 EStG aufgefangen.

Die über die von allen Eltern zu tragenden Kosten des § 32 Absatz 7 EStG hinausgehende Sonderbelastung alleinerziehender Steuerpflichtiger soll nun durch den entsprechenden Freibetrag nach § 24b aufgefangen werden und ist funktional dem Familienleistungsausgleich beizuordnen. Jedoch knüpft der Freibetrag für Alleinerziehende nicht an die aus der Kindererziehung entstehenden Aufwendungen an, sondern berücksichtigt die „originär in der Person des Alleinerziehenden selbst entstehenden Kosten"[38].

Die im Haushaltsfreibetrag verfassungswidrige Benachteiligung ehelicher Lebensgemeinschaften findet im § 24b insoweit keine Fortsetzung, da sowohl eheliche als auch eheähnliche Lebensgemeinschaften ausgeschlossen werden[39].

Allerdings kollidiert die Vorschrift auf anderen Gebieten mit geltenden Prinzipien. So ist § 24b etwa geeignet, dem Leistungsfähigkeitsprinzip, welches sich mittelbar aus Artikel 3 Absatz 1 GG ergibt, zu widersprechen[40]. Zwar müssen die für Haushalt und Wohnung aufzuwendenden Kosten als indisponibel angesehen werden[41], allerdings sieht das Leistungsfähigkeitsprinzip nicht vor, dass „erhöhte Haushaltsführungskosten bedingt durch persönliche Lebensverhältnisse und individuelle Präferenzentscheidungen betreffend die Lebensführung"[42] steuerlich berücksichtigt werden müssen. Sonstige durch kinderbedingten Mehrkosten etwa bezüglich der Woh-

---

[38] Jachmann/Henschler in Kirchhof/Söhn/Mellinghoff, § 24b Rn A20, Anm.: Diese Kosten resultieren aus fehlenden *„Synergieeffekten"* (Dies., § 24b Rn A20), die bei einer gemeinsamen Haushaltsführung insbes. im Hinblick auf Miete und Nebenkosten naturgemäß nutzbar gemacht werden können. Bei alleinerziehenden Steuerpflichtigen müssen diese Kosten zudem ohnehin allein getragen werden, während bei zusammenlebenden Steuerpflichtigen *„typischerweise zwei Einkommen zur Verfügung stehen"* (Dies., §24b Rn A21). Die Sonderbelastung offenbart sich insoweit in zweifacher Hinsicht.
[39] Vgl. § 24b Absatz 2 Satz 1: *„Allein stehend [...] sind Steuerpflichtige, die [...] keine Haushaltsgemeinschaft mit einer anderen volljährigen Person bilden [...]"*. Anm.: Zur Abgrenzung dient regelmäßig die polizeiliche Meldung. Dies bedeutet, dass eine steuerlich als allein stehend definierte Person *de facto* eine Haushaltsgemeinschaft mit einem anderen unbeschränkt Steuerpflichtigen bilden kann – dieser Umstand bietet Platz für Missbrauch. Leider bietet das Gesetz jedoch keine andere Definition, weshalb „die Steuerehrlichkeit des Alleinerziehenden in besonderer Weise" (Jachmann/Henschler in Kirchhof/Söhn/Mellinghoff, § 24b Rn A42) herausgefordert wird: „Auf diese Weise wird dem Missbrauch des § 24b Tür und Tor geöffnet" (Dies., § 24b Rn A42).
[40] Anm.: Maßgeblich ist dabei die steuerliche Freistellung indisponiblen Einkommens. An dieser Stelle soll jedoch keine allgemeinsteuerrechtliche Diskussion folgen, weshalb das *Leistungsfähigkeitsprinzip* als gegeben betrachtet wird.
[41] Anm.: Und steuerliche Berücksichtigung erfolgt bereits im Grundfreibetrag, welcher *„das steuerliche Existenzminimum abbildet"* (Jachmann/Henschler in Kirchhof/Söhn/Mellinghoff § 24b Rn A22).
[42] Jachmann/Henschler in Kirchhof/Söhn/Mellinghoff, § 24b Rn A22

nung sind vom § 32 Absatz 6 EStG erfasst und benötigen daher keine doppelte Berücksichtigung durch den § 24b.

Das indisponible Einkommen eines alleinerziehenden Steuerpflichtigen ist mithin regelmäßig nur in Höhe des eigenen Existenzminimums sowie in Höhe des Aufwandes für Betreuung und Erziehung seines Kindes bei der Veranlagung zu berücksichtigen. Somit ist der Freibetrag für Alleinerziehende nach § 24b weniger Ausfluss des Leistungsfähigkeitsprinzips, sondern wie bereits erwähnt vielmehr als sozialpolitisch motivierte Steuersubvention anzusehen[43]. Zum einen ist seine systematische Stellung im Einkommensteuerrecht somit analog zu den Bestimmungen der §§ 62 bis 78 EStG nicht unproblematisch, zum anderen könnte dem Gesetzgeber gar unterstellt werden, dass er mit der Einfügung des Freibetrages Alleinerziehende bevorzugt fördern wollte und letztlich eheliche oder eheähnliche Lebensgemeinschaften benachteiligt. Neben dem fehlenden Fiskalzweck des § 24b ist auch die Progressionsabhängigkeit der Vorschrift zu kritisieren, schließlich ist der Freibetrag für Alleinerziehende eben nicht Ausdruck verminderter Leistungsfähigkeit – der Abzug von der Bemessungsgrundlage ist somit grundsätzlich verfehlt und bevorteilt letzten Endes besserverdienende Alleinerziehende gegenüber solchen mit niedrigen Einkommen[44].

3.3. *Alternative Lösungsmöglichkeiten*

Das Bestreben des Gesetzgebers, alleinerziehenden Steuerpflichtigen eine Ausgleichsmöglichkeit für solche finanzielle Belastungen zu ermöglichen, die in ehelichen oder eheähnlichen Lebensgemeinschaften typischerweise geteilt werden können, ist aus sozialpolitischer Sicht in Teilen durchaus nachvollziehbar, die Umsetzung ist jedoch nicht fehlerfrei und somit verbesserungswürdig. Zu differenzieren sind hierbei zwei Ungleichbehandlungen, die durch den § 24b entstehen: Zum einen werden Alleinerziehende gegenüber Zusammenlebenden mit Kindern bevorzugt,

---

[43] Vgl. Seiler in Kirchhof 2005, S. 1134 und Jachmann/Henschler in Kirchhof/Söhn/Mellinghoff, § 24b Rn A21
[44] Vgl. Seiler in Kirchhof 2005, S. 1134

zum anderen aber auch besserverdienende Alleinerziehende durch die progressions-abhängige Wirkung. Auszugleichen sind im Idealfall *beide* Ungleichbehandlungen.

So schlägt *Seiler* statt der bestehenden Lösung „eine bessere sozialrechtliche Förderung *aller* Eltern mit kindbedingten ökonomischen Schwierigkeiten, die zusätzlich nach der Zahl der Kinder differenzieren sollte"[45], vor. Mit dieser Lösungsmöglichkeit wären zwar nicht die unter Punkt 3.2. besprochenen systematischen Schwierigkeiten, wie etwa der Steuersubventionscharakter der Vorschrift, gelöst. Allerdings würde eine solcherart neugeordnete Norm dem bereits realisierten Sozialzweck auch unter gleichheitsrechtlichen Aspekten Rechnung tragen.

Möglich wäre auch, so *Jachmann* und *Henschler*, ein bedarfsorientiertes Kindergeld, um die „regelmäßig gegebene finanzielle Schlechterstellung Alleinerziehender mit Kindern"[46] auszugleichen[47]. Problematisch hierbei ist jedoch unter Umständen wieder der Gleichheitsgrundsatz, und zwar dann wenn Alleinerziehende ein höheres Kindergeld erhalten als verheiratete oder zusammenlebende Steuerpflichtige mit Kindern.

IV. *Abschlussbemerkungen*

In den Punkten 2.3. und 3.3. sind bereits einige Möglichkeiten besprochen worden, wie den bestehenden Problematiken begegnet werden könnte, ohne die in der Einleitung genannten staatlichen Aufgabe der Förderung von Familien aus den Augen zu verlieren.

---

[45] Seiler in Kirchhof 2005, S. 1134
[46] Jachmann/Henschler in Kirchhof/Söhn/Mellinghoff, § 24b Rn A41
[47] Anm.: Wobei diese Möglichkeit wieder anderen Schwierigkeiten begegnet, diese bestehen in der Problematik eines „starken" Kindergeldes (vgl. hierz. S. 6 f.) und in der Tatsache, dass hierdurch alleinerziehende Steuerpflichtige immer noch Vorzug vor ehelichen und eheähnlichen Lebensgemeinschaften erhielten.

Fraglich ist nun, ob die *bestehenden* Vorschriften diesem Ziel ausreichend Rechnung tragen; dies ist aufgrund der bestehenden Problematiken nur bedingt zu bejahen. Möglich, wenn nicht gar nötig, ist folglich eine Neustrukturierung des Familienleistungsausgleichs. Im Zuge dessen könnten zum einen die immer wieder angesprochenen systematischen Problematiken ausgeräumt werden, zum anderen könnte das Ziel der Förderung der Familien noch besser verfolgt werden, indem der Freibetrag für Alleinerziehende auf alle wirtschaftlich schlechtergestellten Familien anwendbar würde.

Es ließe sich also der Vorschlag von *Jachmann*[48] mit demjenigen von *Seiler*[49] verbinden: Ein vereinfachtes System, in welchem zunächst regelmäßig ein entsprechend ausgestalteter Kinderfreibetrag angewandt wird und nur in solchen Fällen, in denen der Freibetrag die verminderte subjektive Leistungsfähigkeit nicht ausgleicht, das Kindergeld als reine Sozialleistung ausgezahlt wird. Neben den existierenden Freibeträgen für das sächliche Existenzminimum sowie Betreuungs- und Erziehungsaufwand wäre dann noch ein Freibetrag denkbar, der unbeachtet ihrer partnerschaftlichen Situation all diejenigen einbezieht, die wirtschaftlich schlechter gestellt sind. Jedoch muss klar sein, dass letztgenanntes nicht der verminderten Leistungsfähigkeit Rechnung trägt, sondern einen reinen Subventionscharakter hat – dies ist jedoch bei dem bestehenden Freibetrag für Alleinerziehende auch schon der Fall.

Zusammenfassend kann gesagt werden, dass die bestehenden Regelungen unter sozialpolitischen Gesichtspunkten positiv zu bewerten sind, weitere Anpassungen jedoch zu begrüßen wären, um den bestehenden Bedenken sowohl systematischer als auch verfassungsrechtlicher Natur zu begegnen. Insgesamt gesehen bewegt sich der Gesetzgeber jedoch immer noch an der unteren Grenze des Möglichen, was die Förderung der Familien anbetrifft, die zur Verfügung stehenden Instrumente könnten dabei noch verstärkter eingesetzt werden um das eingangs erwähnte Ziel zu erreichen.

---

[48] Vgl. S. 7
[49] Vgl. S. 11

V.   Quellenverzeichnis

Birk, Dieter: *Steuerrecht,* C.F. Müller Verlag, 7. Auflage Heidelberg 2004

Bundesverfassungsgericht vom 29.05.1990, 1 BvL 20/84, 1 BvL 26/84, 1 BvL 4/86 vom

29.05.1990

Bundesverfassungsgericht vom 10.11.1998, 2 BvR 1057/91 vom 10.11.1998 vom

10.11.1998, aus: http://www.bverfg.de/cgi-bin/link.pl?entscheidungen

(Stand: 06.06.2005)

Felix, Dagmar: *Das neue Kindergeldrecht,* in: ZBR 1996, S. 101-107

Horlemann, Heinz-Gerd; Ossola-Haring, Claudia und Schneider, Hans-Peter: *Leitfaden zum neuen Kindergeldverfahren,* Luchterhand Verlag, Neuwied/Berlin 1996

Kirchhof, Paul (Hrsg.): *EStG KompaktKommentar,* C.F. Müller Verlag, 4. Auflage Heidelberg 2004

Kirchhof, Paul (Hrsg.): *EStG KompaktKommentar,* C.F. Müller Verlag, 5. Auflage Heidelberg 2005

Kirchhof, Paul; Söhn, Hartmut und Mellinghoff, Rudolf (Hrsg.): *Einkommensteuergesetz – Kommentar,* C.F. Müller Verlag, Heidelberg 2004-

Müller, Wigo und Traxel, Wolfgang: *Die Bedeutung von Kindergeld und Kinderfreibetrag für die Veranlagung zur Einkommensteuer ab dem Veranlagungszeitraum 1996,* in: BB 1996, S. 1141-1145

BEI GRIN MACHT SICH IHR WISSEN BEZAHLT

- Wir veröffentlichen Ihre Hausarbeit,
  Bachelor- und Masterarbeit

- Ihr eigenes eBook und Buch -
  weltweit in allen wichtigen Shops

- Verdienen Sie an jedem Verkauf

Jetzt bei www.GRIN.com hochladen
und kostenlos publizieren